(Conserver la couverture)
8° F Pièce
3492

176

DE LA COMPÉTENCE

EN

MATIÈRE D'ASSURANCES

Commentaire de la loi des 2-3 janvier 1902

BIBLIOTHÈQUE NATIONALE
BN
IMPRIMÉS

PAR

EUGÈNE FRON

AVOCAT

Extrait de la *Revue des Sociétés.*

Prix : 1 franc.

PARIS
MARCHAL ET BILLARD
ÉDITEURS, LIBRAIRES DE LA COUR DE CASSATION
PLACE DAUPHINE, 27,
1902

Pièce
8° F
3492

DE LA COMPÉTENCE EN MATIÈRE D'ASSURANCES

BIBLIOTHÈQUE NATIONALE R.F.

Commentaire de la loi des 2-3 Janvier 1902

« La Compétence, dit M. Garsonnet (1), est l'aptitude d'un Tribunal ou d'une Cour à connaître d'une action ou d'une défense ». Cette compétence peut s'entendre de deux façons soit qu'on l'envisage au point de vue des contestations que ce Tribunal juge en premier ou dernier ressort : compétence d'attribution, soit qu'on l'envisage au point de vue de la situation des objets matériaux, immeubles, etc. qui font l'objet du litige : compétence territoriale. — C'est la compétence territoriale qui est visée par la loi du 3 janvier 1902. Cette loi est appelée à modifier considérablement les habitudes et les usages d'un certain nombre de Compagnies d'assurances, qui avaient, pour leur plus grande commodité, réussi au moyen d'une clause spéciale de leurs polices, à centraliser tous leurs litiges devant le Tribunal de leur siège social.

La Compétence territoriale avait été établie par l'art. 59 du C. P. C., qui, en matière de Société avait attribué compétence au Tribunal du siège de la Société. Nous n'entrerons pas dans la controverse qui s'est élevée, depuis cette époque, relativement à la détermination du siège de la Société, à l'extension qui en a été faite par la doctrine et la jurisprudence, aux établissements de la Société, bureaux, succursales, donnant ainsi compétence à des tribunaux qui ne paraissaient pas désignés à cet effet.

Disons toutefois que si la loi du 24 juillet 1867 n'a pas modifié le système du Code sur ce point, les décrets du 22 janvier, 18 février 1868 portant règlement d'administration publique pour la constitution des Sociétés d'assurances, a tenté de faire une modification à cette règle. Dans la section V, relative à la déclaration, l'estimation et le payement des sinistres, ce décret donne, sous l'art. 35, compétence, en cas de dissidence « à un expert désigné, à défaut d'entente entre les parties, *par le Président du Tribunal de première instance de l'arrondissement*, ou si les statuts l'ont ainsi décidé par le juge de paix du canton *où le Sinistré a eu lieu* ».

Cette première tentative était restée l'indice d'une tendance à restituer aux Tribunaux d'arrondissement la connaissance des instances nées dans leur ressort ; mais les différents projets de loi relatifs à cette question et, antérieurs à celui de MM. Colle, de Salignac-Fénelon et Viellard n'avaient pas abouti.

Nous étions même restés en arrière sur les pays étrangers : Belgique, Turquie, Allemagne qui ont tous une législation relative à la Compétence en cette matière (2). La commission de 1866 avait, il est vrai préparé un projet dont le

---

(1) *Traité théorique de procédure*, p. 631.

(2) Le nouveau Code de procédure belge contient un livre préliminaire sur la compétence. Ce livre a été publié séparément le 25 mars 1876 (*Annuaire de législation*

livre Ier était consacré tout entier à la compétence mais c'est ce projet qui, au lieu de devenir loi chez nous, a servi à nos voisins à élaborer les leurs.

La proposition de loi qui est devenue la loi du 3 janvier 1902, était destinée, dans l'esprit de MM. Colle, de Salignac Fénelon, et Armand Viellard, députés, qui l'avaient présentée, à détruire de « véritables abus dont souffrent tous les Français de la part des Compagnies d'assurances, et notamment des Compagnies d'assurances contre l'Incendie », et dont « les principales victimes sont tous les membres des classes les plus intéressantes de la nation : ouvriers, petits commerçants et surtout petits propriétaires ruraux » (1).

Leur proposition visait trois abus principaux ; elle avait pour but :

1° De faire supprimer dans toutes les polices d'assurances la clause attribuant compétence au *seul* Tribunal de la Seine ;

2° D'obliger les Compagnies d'assurances à supprimer dans leurs polices les articles insignifiants, pour mettre en évidence, et faire ressortir les clauses importantes du contrat et du mode de règlement, soit en les insérant seules, soit en les imprimant en gros caractères ;

3° En ce qui concerne particulièrement les Compagnies d'assurances contre l'incendie ;

(*a*) D'obliger ces dernières à prévoir dans la police une diminution progressive de la prime à payer suivant un taux à fixer pour la dépréciation.

(*b*) De faire exclure de l'assurance les fondations jusqu'au ras du sol.

Cette proposition qui était faite dans le but de modifier la situation des Compagnies d'assurances, qu'elle déclarait privilégiée, ne pouvait subsister tout entière à un examen sérieux, car elle ne tendait à rien moins qu'à modifier des conventions librement consenties par des parties maîtresses de leurs droits, en annulant des conventions régulièrement contractées, ou à arrêter ces mêmes parties dans la discussion de leurs intérêts au moment de la signature du contrat, en les obligeant à accepter des bases prévues par le législateur ; en leur imposant même, en matière d'assurances contre l'incendie, une diminution progressive des primes correspondante à la dépréciation du temps ; enfin, en déclarant que certaines parties du risque ne pourraient figurer dans l'assurance.

Cette proposition avait l'inconvénient de mettre en tutelle l'assuré, au moment où il allait contracter avec la Compagnie d'assurances et de prendre à sa place des précautions, des mesures préservatoires qu'il ne prenait pas lui-même, malgré l'intérêt qu'il pouvait avoir à discuter les conditions de son contrat. Elle avait encore pour résultat de jeter sur les Compagnies d'assurances françaises un discrédit que la plupart d'entre elles ne méritent pas, discrédit qui aurait eu certainement un retentissement dont les Compagnies étrangères, leurs redoutables et moins scrupuleuses concurrentes, n'auraient pas manqué de tirer le parti le plus favorable au détriment des Compagnies françaises.

L'examen de la Commission de la réforme judiciaire et de législation civile auquel a été soumis la proposition de loi, a fait justice des exagérations qu'elle contenait, et l'a réduite à la partie relative à la compétence qui est devenue la loi actuelle. Son rapporteur M. Jouart, qui a exposé les motifs de cette décision (2), a même reconnu, en ce qui concerne cette question de compétence

---

étrangère, 6e année 1877, p. 467 et suiv.). — Le C. civ. ottoman consacre à la compétence le livre XIV promulgué le 1er juillet 1876 (*Annuaire de législation étrangère*, *ibidem*). — Enfin, le C. de proc. allemand du 30 janvier 1877 s'occupe spécialement de la compétence (*Lois de justice pour l'Allemagne*, traduction française, Strasbourg, 1879, p. 2 et suiv.).

(1) Proposition de loi sur les contrats d'assurances, n° 945. Ch. des Députés, Annexe au P. V. de la séance du 15 mai 1900.

(2) 1er Rapport de M. Jouart, n° 1030. Ch. des Députés, Annexe au P. V. de la séance du 19 juin 1899.

que certaines Compagnies ont déjà spontanément renoncé à insérer dans leur police une clause attribuant compétence au seul Tribunal de la Seine.

Le projet de loi présenté par la commission à la Chambre et adopté par elle était encore incomplet; son texte, qui, selon le cas, attribuait compétence au Tribunal de l'immeuble assuré ou du domicile légal de l'assuré, ne paraissait reconnaître que la juridiction des juges de Paix et des Tribunaux de 1re instance; il réputait, en outre, comme *clause non écrite*, toute stipulation relative à la compétence contraire à son texte.

La Commission du Sénat, présidée par M. Trystram, après de longues discussions admit les raisons qui avaient fait réduire le projet à une loi sur la compétence. C'est sur ce seul point qu'on put se mettre d'accord. Son rapporteur, M. Legrand, reconnaît (1) que certaines Compagnies d'assurances ont vicié les principes de législation en matière de procédure et éloigné de leurs juges naturels ceux à qui elles avaient imposé une clause de leur police donnant compétence au Tribunal civil de la Seine seul, pour toute contestation qui pourrait naître entre eux : « La bonne administration de la justice, dit-il (2), demande que les litiges soient, dans la mesure du possible, appréciés et jugés par les Tribunaux du lieu où se sont accomplis les faits qui leur donnent naissance, et particulièrement du lieu du sinistre, au sens le plus compréhensif du mot, en matière d'assurances. C'est là que pourront s'accomplir avec le plus de facilité, d'utilité et de rapidité, et aux moindres frais, les constatations, expertises, enquêtes, visites de lieux, transports, toutes les mesures d'instruction en général nécessaires pour la solution du litige. C'est là où siègent, pour ainsi dire, les intérêts et les risques, quels qu'ils soient, que l'assurance a eu en vue de garantir ».

C'est dans cet esprit qu'a été préparée la loi du 3 janvier 1902, mais la commission en reprenant le projet adopté par la Chambre a apporté à chacun des deux articles qui la composent des modifications de forme, de texte et de fonds :

Modifications de forme. — Elle a commencé par modifier le titre de la loi qui devenait, par suite des suppressions qu'on lui imposait, une loi relative à la compétence en matière d'assurances. C'est le titre qu'on lui a donné.

Modifications de texte. — Le texte du projet a été remanié complètement. Il a fait, au Sénat, l'objet de deux propositions différentes. La première a été expliquée et commentée par le premier rapport de M. Legrand, du 5 avril 1900, ci-dessus. La Commission ayant néanmoins continué ses séances, a été amenée, à la suite d'observations qui lui ont été faites, à apporter diverses modifications à ce texte, et à en faire une seconde proposition, objet du deuxième rapport de M. Legrand déposé le 13 février 1901 (3). C'est cette proposition qui est devenue le texte définitif de la loi; elle avait l'avantage de lui donner une tournure plus juridique, et de ne pas laisser supposer, par les termes employés, qu'on avait voulu modifier par la nouvelle loi, tous les principes admis jusqu'alors en matière de compétence.

Ainsi : 1° le nouveau texte supprime les mots « de plein droit » qui n'ajoutaient rien à la prescription; 2° il substitue les mots : « devant la juridiction compétente » aux mots : « devant le Juge de paix ou le Tribunal de première instance. » Cette expression était d'ailleurs vicieuse, car elle laissait supposer que la Chambre, contrairement à la législation antérieure, avait voulu soustraire aux Tribunaux de commerce certains litiges concernant les Compagnies d'assurances.

(1) 1er Rapport de M. Legrand, n° 144. Sénat, Annexe au P. V. de la séance du 5 avril 1900.

(2) *Ibidem*, p. 3.

(3) N° 65. Sénat. Annexe au P. V. de la séance du 13 février 1901.

Rien dans les travaux préparatoires de la Chambre des Députés ne faisait prévoir que l'on eût en vue d'éloigner de ces Tribunaux la connaissance des litiges leur revenant, le texte seul de la Chambre le laissait supposer puisqu'il n'énonçait comme Tribunaux devant connaître de ces litiges que : le Juge de paix ou le Tribunal Civil.

La Commission du Sénat a constaté cette omission, et n'a pas voulu laisser subsister une énumération qui pouvait devenir ultérieurement une cause de procès ; elle a préféré prendre le terme indéterminé de « juridiction compétente ».

Les principes, en matière de procédure étaient sauvés ; chaque juridiction restait compétente *ratione materiae* : seule, la compétence *ratione loci* était modifiée par le nouveau texte. C'est le seul but qui avait été poursuivi.

Modifications de fond. — Ce sont les plus nombreuses parce que la Commission du Sénat a tenu « à mieux déterminer pour chaque nature d'assurances le ressort des Tribunaux devant lesquels devront être introduites les instances auxquelles ces assurances donnent lieu ».

Nous étudierons séparément les deux articles de cette loi ; ils ont chacun un objet différent. Nous montrerons, en passant, les différentes formes qu'ils ont dû prendre avant d'arriver au texte définitif, et nous en déduirons, au fur et à mesure des explications, les diverses conclusions qu'il faut en tirer au point de vue de l'application de la loi. Le texte que nous donnons ci-après des trois principaux projets, permettra de les comparer, et de suivre plus facilement les explications.

Comparaison du texte adopté par la Chambre des Députés, du texte primitif de la Commission du Sénat, du nouveau texte par elle proposé, et devenu le texte définitif de la loi.

Texte adopté par la Chambre des Députés.	Texte primitif de la Commission du Sénat.	Texte nouveau adopté par la Commission du Sénat, devenu le texte de la loi.
Loi relative aux contrats d'assurances.	*Loi relative à la compétence en matière d'assurances.*	*Loi relative à la compétence en matière d'assurances.*
ARTICLE PREMIER.	ARTICLE PREMIER.	ARTICLE PREMIER.
Les litiges relatifs aux contrats d'assurances sont portés de plein droit devant le juge de paix ou le tribunal de première instance dans le ressort duquel se trouvent :	En matière de contrats d'assurances et de litiges relatifs à leur exécution, le défendeur sera assigné devant la juridiction compétente dans le ressort de laquelle se trouvent :	En matière de contrats d'assurances et de litiges auxquels ils donnent lieu, le défendeur sera assigné devant la juridiction compétente dans laquelle se trouvent :
L'immeuble assuré, s'il s'agit d'assurances contre l'incendie ou contre la grêle ;	1° Les immeubles ou les meubles assurés, s'il s'agit d'assurances contre des risques immobiliers ou mobiliers ;	1° Le domicile de l'assuré, de quelque espèce d'assurance qu'il s'agisse, sauf l'application de la disposition qui suit :
Le domicile légal de l'assuré, s'il s'agit d'assurances sur la vie ou contre les accidents de toute nature et même d'assurances contre les accidents et la mortalité du bétail.	2° Le domicile légal de l'assuré, s'il s'agit d'assurances sur la vie, contre le chômage ou la maladie ; 3° Le lieu ou s'est produit l'accident, s'il s'agit d'assurances contre les accidents de toute nature dont sont victimes les personnes ou les animaux.	2° Les immeubles ou les meubles par nature assurés, s'il s'agit d'assurances contre les risques les concernant, et le lieu où s'est produit l'accident s'il s'agit d'assurances contre les accidents de toute nature dont sont victimes les personnes ou les animaux, le tout lorsque l'instance est relative à la fixation et au règlement des indemnités dues.
	Il n'est pas dérogé aux lois qui régissent les assurances maritimes.	Il n'est pas dérogé aux lois qui régissent les assurances maritimes.
ART. 2.	ART. 2.	ART. 2
Toute stipulation contraire, antérieure au litige, sera réputée non écrite.	Toute convention, antérieure à la naissance du litige, contraire à la présente loi, sera, sauf l'effet des stipulations contenues dans les polices actuellement en cours, nulle de plein droit.	Toute convention, antérieure à la naissance du litige, contraire à la présente loi, sera, sauf l'effet des stipulations contenues dans les polices actuellement en cours, nulle de plein droit.

II

Nous avons étudié dans le chapitre précédent l'historique de la loi et les diverses évolutions qu'elle a subies au cours des travaux préparatoires. Reprenons, en détail, l'examen de chacun des articles.

ARTICLE PREMIER

Cet article a été retourné, modifié et complété par la commission du Sénat. Afin d'éviter des confusions, nous classerons ces modifications par genres d'assurances, en suivant autant que possible le texte définitif de la loi.

1° *En ce qui concerne les risques mobiliers et immobiliers.*

Le texte adopté par la Chambre indiquait pour fixer le Tribunal compétent celui dans le ressort duquel se trouvait « l'immeuble assuré, s'il s'agit d'assurances contre l'incendie ou contre la grêle ».

Cette rédaction pouvait donner naissance à de nombreuses controverses parce que le mot immeuble n'impliquait qu'une seule catégorie de risques assurés.

Pourrait-elle s'appliquer aux meubles? Rien ne pouvait le laisser supposer, et l'on se serait bien vite aperçu de cette lacune dans l'application de la loi.

Comprenait-elle les récoltes? Les termes du texte le laissent croire puisqu'ils portaient « ou contre la grêle », mais c'était une indication bien peu précise, qui, de plus, ne s'appliquait qu'à un seul genre de sinistre : la grêle.

La Commission du Sénat a remanié ce texte plusieurs fois pour arriver à trouver une formule plus générale.

Dans le premier projet du texte définitif, elle emploie des expressions qui précisent sa pensée et généralisent la formule. Elle considère l'ensemble des *meubles* ou des *immeubles assurés*. Ce sont eux qui fixeront la compétence des Tribunaux où ils se trouvent toutes les fois qu'il s'agira d'assurances contre *des risques mobiliers ou immobiliers*.

Dans cette catégorie rentraient, ainsi que nous le verrons plus loin les assurances contre les accidents ou la mortalité du bétail, qui avaient fait l'objet d'une énonciation spéciale de la part des auteurs du projet de loi.

Après avoir changé de place, ainsi qu'on peut s'en rendre compte dans le tableau comparatif ci-dessus, le paragraphe relatif à l'assurance contre les risques mobiliers et immobiliers la Commission du Sénat l'a encore remanié pour lui donner une formule plus brève. Fixeront la compétence du Tribunal « les immeubles ou les meubles *par nature* assurés, s'il s'agit d'assurances contre *les risques les concernant* ».

Il est bien certain que cette modification de texte ne modifie en rien le fonds du droit; que les risques soient mobiliers ou immobiliers, ils seront régis par la même règle : immeubles ou meubles assurés fixeront la compétence.

En employant le mot : meubles *par nature*, la Commission a eu pour but « de se servir de la terminologie de l'art. 528 C. c., et par conséquent de limiter l'application de la disposition aux seuls meubles qui, matériellement, ont un lieu ordinaire de situation toujours précisé d'ailleurs ou facile à préciser dans les contrats d'assurances » (1).

En effet, l'art 528 C. civ. marque la différence entre les meubles par leur nature, et les meubles par la détermination de la loi. *Sont meubles par leur nature les corps qui peuvent se transporter d'un lieu à un autre, soit qu'ils se meuvent eux-mêmes comme les animaux, soit qu'ils ne puissent changer de place que par l'effet d'une force étrangère, comme les choses inanimées.* » Au contraire, les meubles par la détermination de la loi ce sont les meubles incorporels, autre-

---

(1) Rapport n° 65 annexe au P.-V. du 17 février 1901.

ment dits les droits mobiliers, ainsi que le détermine l'art. 529 C. civ. qui en donne l'énumération.

Ceux-là ne font pas partie de la désignation de notre article, et il était bon de le dire ; c'est donc avec raison que la Commission a caractérisé par ces mots, les meubles qu'elle visait.

Nous pensons qu'il faut faire rentrer dans cette catégorie certains objets mobiliers qu'on pourrait être tenté de ranger dans la catégorie des immeubles à cause de leur valeur ou de leur fixité, mais que la loi a pris soin d'énumérer comme objets mobiliers : ce sont, les bateaux, bacs, navires, moulins, bains sur bateaux, matériaux provenant de démolition ou assemblés pour la construction, etc., qui font l'objet des art. 531 et 532. L'art. 531 s'exprime ainsi :

« Les bateaux, bacs, navires, moulins et bains sur bateaux, et généralement toutes usines non fixées par des piliers et ne faisant point partie de la maison, sont meubles... » Nous n'entrerons pas dans la controverse qui s'est élevée au sujet de l'explication des mots : « et généralement toutes usines non fixées par des piliers et ne faisant pas partie de la maison », et de la contradiction qui paraît s'élever avec les termes de cet article et ceux de l'art. 519 C. civ., qui considère comme immeubles « les moulins fixés sur piliers ou faisant partie d'un bâtiment ». Contentons-nous d'enregistrer le résultat de la controverse et de dire que ces usines ne peuvent être considérées comme meubles que lorsque les deux conditions manqueront à la fois, ce qui revient à dire que si l'une d'elles existe, le moulin ou l'usine sera immeuble.

L'art. 532 désigne encore comme meubles certains objets, qui doivent, ainsi, rentrer dans la catégorie des meubles par nature, et sont soumis comme tels à la loi de compétence. « Les matériaux provenant de la démolition d'un édifice, ceux assemblés pour en construire un nouveau, sont meubles jusqu'à ce qu'ils soient employés par l'ouvrier dans une construction. » Il est bien certain qu'il s'agit ici d'objets déterminés pris dans des conditions déterminées ; ainsi un tuyau de cheminée, abattu par le vent ne cesserait pas d'être immeuble en attendant sa réintégration, parce qu'il n'aurait été séparé de la maison que par un cas fortuit; il ne serait considéré comme meuble que le jour où le propriétaire, démolissant sa maison en vue de la reconstruire, l'aura mis de côté, avec les matériaux de démolition, jusqu'à la reconstruction. Il en serait encore de même des battants d'une fenêtre, d'une porte temporairement détachée de l'édifice, en vue d'une réparation; ils ne cessent pas pour cela d'être immeubles, ils ne deviendraient meubles que dans le cas spécial indiqué par l'art. 532.

C'est donc à juste titre et dans un esprit juridique que la modification a été apportée au premier texte de la Commission du Sénat ; les mots meubles assurés pouvaient prêter à controverse, les mots : « meubles par nature » spécifient strictement les meubles qui sont assujettis à la loi nouvelle, il n'y a plus de confusion, plus de difficultés possible.

2° *En ce qui concerne les assurances sur la vie, contre le chômage ou la maladie.*

Le projet présenté par la Chambre des Députés avait réuni sous un seul article les assurances sur la vie ou contre les accidents de toute nature et avait donné pour base de la compétence le domicile légal de l'assuré. — La Commission du Sénat a cherché à appliquer la règle générale tendant à attribuer compétence au tribunal devant lequel, le plus souvent l'instruction de l'affaire pourrait se faire de la manière la plus utile, la plus rapide et la moins coûteuse.

Elle a été amenée ainsi dans le projet présenté en 1900 à scinder le projet de la chambre en deux parties : la première s'occupant des assurances sur la vie et les personnes, la seconde traitant des assurances-accidents, et formant chacune un paragraphe.

Le premier paragraphe réglait la compétence en ce qui concerne les assurances sur la vie, terme général, qui ne souffre pas controverse ; nous n'aurions

BIBLIOTHÈQUE NATIONALE RF IMPRIMÉS

rien à ajouter si la Commission du Sénat s'en était tenue là; mais elle a pensé à juste titre qu'il fallait réunir sous la même règle deux espèces d'assurances qui n'auraient pu être comprises dans les autres paragraphes, et qui se trouvaient presque désignées pour figurer à côté des assurances sur la vie, parce qu'elles intéressent tout au moins les personnes : à savoir les assurances contre le chômage et la maladie. Comme les assurances sur la vie, elles garantissent les personnes non plus en cas de décès, mais dans des cas fortuit, et pour ainsi dire de force majeure : chômage, ou défaut de travail; maladie ou défaut de santé; tous deux, événements préjudiciables pour les personnes. Il n'y avait aucun inconvénient, au point de vue de la compétence, à les mettre à côté les unes des autres, et la Commission a été bien inspirée en les ajoutant à ce paragraphe. Enfin, pour les unes et les autres, puisque l'on était décidé à interdire toute convention spéciale entre les parties sur ce point, il était logique d'attribuer compétence, en vue de statuer sur des litiges nés de ces assurances, au tribunal du domicile légal de l'assuré.

Ce domicile légal restera à fixer; dans la plupart des cas, il n'y aura pas de difficultés. — Cependant cet article pourra bien souvent être en contradiction avec le but poursuivi par le législateur. Concevons en effet un assuré qui, ayant son domicile légal à Marseille, contracte une police d'assurances sur la vie à Paris et vienne mourir à Arras, dans des circonstances qui font douter s'il y a eu suicide, mort accidentelle, violente ou naturelle. — Les enquêtes, rapports de police, instruction s'il y a lieu vont naturellement être faits sur place à Arras. C'est le tribunal d'Arras qui va instruire l'affaire, qui aura, tout au moins, sous la main tous les documents nécessaires pour la connaissance approfondie de l'affaire. Supposons maintenant qu'un litige vienne à naître entre la Compagnie d'assurances refusant toute indemnité, et les représentants du défunt, prétendant y avoir droit. Devant quel tribunal le litige sera-t-il porté? Avant l'application de la loi, ce litige aurait pu être porté devant deux tribunaux : celui de la Seine si la police avait contenu soumission à ce tribunal pour toutes contestations; celui d'Arras, dans le cas où la police n'aurait pas compris cette clause, et ce, conformément à la jurisprudence que nous avons citée au commencement de ce travail qui tendait à autoriser l'assignation du représentant et la Compagnie devant le Tribunal du sinistre; avec le projet de la Commission du Sénat, c'était un 3e Tribunal qui devenait compétent : dans l'espèce, le Tribunal de Marseille : Tribunal du domicile légal de l'assuré!

Comme nous voilà loin du désir des promoteurs de la loi, qui était de faire juger et apprécier les litiges « par les Tribunaux du lieu où se sont accomplis les faits qui leur donnent naissance. » Il est vrai qu'une espèce de ce genre devait se présenter rarement, mais des difficultés semblables étaient à prévoir. La Commission du Sénat n'a pas cru, néanmoins, devoir prendre le lieu du décès de l'assuré pour régler la compétence au sujet des litiges relatifs au règlement de l'indemnité, et elle a maintenu sa décision qui a été admise par le Sénat et est devenue le texte de la loi.

Il est vrai que cet article a perdu son caractère spécial aux assurances sur la vie pour devenir la règle générale de compétence en matière d'assurances. En effet, la Commission dans son 2e projet a changé l'ordre des paragraphes afin de mieux faire ressortir la règle générale de compétence adoptée qui est celle du *domicile de l'assuré* de quelque espèce d'assurance qu'il s'agisse, se réservant d'apporter dans le deuxième paragraphe les exceptions relatives aux assurances contre les risques mobiliers et immobiliers et contre les accidents.

3° *En ce qui concerne les assurances contre les accidents.*

Le texte de la Chambre avait adopté comme Tribunal compétent celui du domicile de l'assuré, la Commission du Sénat a préféré maintenir le *Tribunal du lieu de l'accident*. Elle s'est conformée, en cela, au principe nouveau mis en pratique par la loi du 9 avril 1898 sur les accidents du travail, qui, dans ses articles 15 et 16, déclare que le juge compétent pour statuer sur les litiges nés de l'accident est celui dans *le ressort* duquel *l'accident s'est produit*, soit le juge de paix dans son canton, soit le Tribunal dans l'arrondissement. En matière d'accident du travail cela n'est plus contesté, que l'accident soit survenu par le fait ou à l'occasion du travail.

Suivant le droit commun le Tribunal compétent était celui du domicile du défendeur ; la loi de 1898, en décidant que ce serait celui du lieu de l'accident a fait une innovation et une dérogation aux principes généraux de notre droit. Cette dérogation ne devait pas rester seule; elle ne pouvait manquer d'être suivie dans d'autres circonstances; la loi du 3 janvier 1902 en est une nouvelle application.

Dans ce genre de litiges une semblable dérogation au droit commun se comprend néanmoins, car, c'est à l'endroit où s'est produit l'accident que se rencontrent la plupart des éléments d'appréciation et d'instruction.

4° *En ce qui concerne les assurances contre les accidents et la mortalité du bétail.*

La Chambre avait adopté pour ce genre d'assurances la même compétence qu'en matière d'assurances sur la vie, et avait porté les litiges s'y rattachant devant le Tribunal du domicile légal de l'assuré.

La Commission du Sénat, dans son premier projet du 5 avril 1900 avait déjà modifié cette partie; elle avait compris les accidents du bétail dans la généralité des accidents « dont sont victimes les personnes ou les animaux.

Quant à l'assurance sur la mortalité du bétail, elle avait jugé inutile de faire un article spécial pour ce genre d'accidents qu'elle considérait comme compris dans le terme générique de « risques mobiliers ». C'est pourquoi elle a supprimé le membre de phrase relatif à ce genre d'assurances.

Il nous faut néanmoins insister sur ce point parce que, dans le texte définitif (2e projet de la Commission) le terme « risques mobiliers » a disparu, tandis que le sens et la portée de l'article n'en ont pas été modifiés. Aussi mettons-nous en garde ceux qui chercheraient, lors de l'application de la loi, quelle est la règle, en matière d'assurances sur la mortalité du bétail. On pourra être tenté, au premier abord, de faire rentrer cette catégorie d'assurances dans celle des « accidents de toute nature dont sont victimes les personnes ou les animaux », et par conséquent, attribuer compétence aux tribunaux du lieu où s'est produit l'accident. Ce serait une grave erreur, car cette assurance rentre dans les risques mobiliers visés par la première partie de l'art. 1er. Cette question ne peut être mise en doute devant les termes mêmes du rapport de M. Legrand : « Quant à la mortalité du bétail, il nous paraît qu'elle n'a pas besoin d'être distinctement visée, étant comprise dans les risques mobiliers ou immobiliers et régie par la même règle qu'eux. »

Il est vrai que, en pratique, on aura rarement besoin de recourir à cette distinction. En effet, en matière d'assurances contre les risques le Tribunal compétent est celui des « meubles assurés » tandis qu'en matière d'accident, le Tribunal compétent est celui du lieu où s'est produit l'accident ; or dans notre espèce le lieu où se trouvait le meuble (le bétail) se confondra avec le lieu où il est mort (lieu de l'accident) et le tribunal compétent serait le même dans les deux cas. Il était néanmoins nécessaire d'établir nettement cette distinction.

Enfin, le législateur appelle notre attention sur les exceptions qu'il vient d'apporter au principe général. Ces tribunaux d'exception ne seront compétents que pour statuer sur les demandes *relatives à la fixation et au règlement des indemnités dues.*

Mais s'il survient entre les Compagnies d'assurances et un assuré, un litige relatif à une question d'interprétation par exemple, quel sera le tribunal compétent? Il y a tout lieu de croire que ce sera le tribunal du lieu du domicile de l'assuré.

C'est, en effet, celui-là qui est, en principe, le tribunal compétent, les autres ne le sont que par exception.

Il faut ajouter à cela un argument de texte : la phrase dont il s'agit est mise à la fin du § 2 qui comprend précisément les exceptions à la règle générale.

Il est regrettable toutefois que la Commission du Sénat ait apporté cette modification à son premier texte, sans l'avoir accompagnée d'une observation dans le rapport qui l'a précédée. Cela aurait évité un doute sur ce point, doute qui se traduit toujours par des instances en justice.

5° *En ce qui concerne les assurances maritimes.*

La Commission du Sénat a tenu à s'expliquer clairement sur ce point; elle n'a pas voulu laisser croire que la nouvelle loi pouvait s'appliquer aux assurances maritimes, et elle a ajouté dans un paragraphe supplémentaire, qu'il n'était dérogé en rien aux lois qui régissent les assurances maritimes.

L'art. 1er, tel qu'il a été rédigé par la Commission du Sénat dans son 2e rapport a été adopté plus tard par la Chambre et est apparu conforme dans le texte de la loi; il n'a été l'objet d'aucune nouvelle discussion aux séances de la Chambre ou du Sénat.

III

Nous avons vu dans les chapitres précédents quel avait été le but primitif du législateur, comment le projet de loi avait été modifié et réduit à une question de compétence, enfin comment cette question de compétence s'était posée, et avait été résolue dans le texte de l'article premier.

L'étude de l'article 2 de la loi va nous amener à déterminer l'application que le législateur a entendu faire de l'article premier aux contrats existant antérieurement à sa promulgation.

ARTICLE II

L'élaboration du texte de cet article a donné lieu à de longues discussions entre les commissions de la Chambre des députés et du Sénat(1).

Le texte de la proposition de loi adopté par la Chambre déclarait « non écrite toute stipulation contraire antérieure au litige ».

Cette rédaction avait pour but de donner à la loi un effet rétroactif et de faire annuler par le seul fait du vote de la loi, toutes les conventions contraires, même celles intervenues avant la promulgation de la loi.

Le législateur sait très bien que tout lui est permis ; mais cependant ne faut-il pas bouleverser, pour une loi sur la compétence dans une matière déterminée, tous les principes de droit, posés par les lois antérieures et sur lesquels ont reposé des conventions librement discutées et consenties entre les parties.

Deux textes permettaient aux parties de convenir entre elles d'un tribunal compétent pour statuer sur les litiges qui pourraient naître entre eux.

Aux termes de l'art. 111 du Code civil : « Lorsqu'un acte contiendra de la part des parties ou de l'une d'elles, *élection de domicile pour l'exécution* de ce même acte dans un autre lieu que celui du domicile réel, les significations, demandes et poursuites relatives à cet acte, pourront être faites *au domicile convenu,* et *devant le juge de ce domicile.* » Le législateur a donc prévu que les parties pou-

---

(1) Voir à ce sujet : 1° le 2e rapport de M. Jouart. Ch. des Députés, n° 2459, annexe à la séance du 20 juin 1901 ; 2° le 2e rapport de M. Legrand. Sénat, n° 396, annexe à la séance du 25 octobre 1901 ; 3° Délibération au Sénat de la proposition de loi relative aux contrats d'assurances. Séance du 15 novembre 1901; compte-rendu, page 1313 et suiv.

vaient avoir intérêt à faire une élection de domicile spéciale, différente de leur domicile réel, pour l'exécution de la convention, et il les a autorisés à le faire. Il n'a mis à cette autorisation qu'une condition : une convention spéciale, laissant toutefois liberté complète aux parties à ce sujet. Cette convention peut être faite par les deux parties à la fois, ou par l'une d'elles seulement. Il n'y a pas de contreverse sur ce point.

Cet article est confirmé par l'art. 59 du Code de procédure civile *in fine* : « le défendeur sera assigné..., en cas d'élection de domicile pour l'exécution d'un acte, devant le Tribunal *du domicile élu...* »

Les articles 111 C. C. et 59 C. P. C. viennent se compléter l'un l'autre et montrent à quel point le législateur de 1806 s'était inquiété de réserver aux parties la faculté de faire, par une convention spéciale, une élection de domicile dans un endroit déterminé et par suite d'attribuer compétence à un tribunal déterminé.

Il était donc arbitraire d'essayer de détruire, par un article de loi, l'effet de conventions consenties sous l'empire des lois existantes; la commission du Sénat ne pouvait se laisser entraîner par l'ardeur de la Chambre et devait revenir aux vrais principes du droit, en arrêtant une disposition qui serait devenue un véritable déni de justice. C'est ce qu'elle fit dès le 5 avril 1900, dans le premier projet qu'elle a présenté et qui est devenu le texte définitif, malgré les modifications que la Chambre aurait voulu y apporter, et les vives discussions qu'elles ont motivées.

Nous ne voulons pas entrer dans l'examen des diverses propositions faites tant par la Commission de la Chambre des députés que par un des membres même de la Commission du Sénat; nous devons rechercher seulement quelle est l'étendue de ce texte et son application.

§

Il suffit de lire le texte de l'art. 2 pour en comprendre le sens qui est bien défini.

La Commission du Sénat, suivant en cela celle de la Chambre, n'a pas voulu laisser survivre à la loi la coutume prise par quelques Compagnies d'assurances de déterminer dans leur police le Tribunal compétent chargé de statuer sur les litiges qui pourraient s'élever entre elles et leurs assurés, mais elle n'a appliqué cette défense qu'aux contrats postérieurs à la publication de la loi. Les contrats antérieurs qui porteraient une clause semblable ne sont pas atteints, et ils devront être exécutés intégralement jusqu'à leur expiration.

Néanmoins, la loi aura une application immédiate, en ce sens que pour les polices qui ne contiennent pas de clause spéciale au sujet de l'élection de domicile ou de la compétence, elle sera applicable, et les litiges qui s'élèveront à leur sujet devront être portés devant les Tribunaux qu'elle désigne (2e rapport Legrand).

Toutefois, lorsque le litige sera né, les parties pourront toujours s'accorder entre elles, conformément au droit commun, pour déroger à cette compétence et attribuer la connaissance du litige à un Tribunal désigné par elles. Cette décision ne résulte pas formellement du texte de la loi. Pour l'admettre, il faut se reporter aux travaux préparatoires, aux considérations juridiques qui ont guidé les membres de la Commission et les ont décidés à n'apporter aucune modification aux principes du droit commun.

Une difficulté pouvait s'élever pour les contrats renouvelables par *tacite reconduction*. Lorsque ces contrats contenaient une clause prohibée par la loi nouvelle, l'effet de cette clause allait-il subsister pendant la période, ou bien allait-il être détruit? La commission a examiné cette question et l'a tranchée dans le sens restrictif? La clause n'aura d'effet que jusqu'à l'expiration de la police;

le jour où celle-ci se renouvellera par tacite reconduction, la clause prohibée sera annulée, et la police sera régie par la loi nouvelle. Il était bon de faire connaître cette décision de la Commission, car la question sera soumise certainement aux Tribunaux, et les travaux de la Commission seuls peuvent les éclairer sur le sens et la portée que le Sénat a voulu donner à la loi.

Il a reconnu que « la tacite reconduction instituant un contrat nouveau, quant à la durée tout au moins, les contrats qui se trouveraient renouvelés pour une nouvelle durée... ne sauraient être considérés, comme étant en cours, que pour la période de durée ferme à eux attribuée, mais non pour leur durée éventuelle et future. »

Cette théorie peut s'appuyer sur les termes de l'art. 1738 C. C. qui organise la tacite reconduction, pour les *baux écrits*. « Si, dit cet article, à l'expiration des baux écrits, le preneur reste, et est laissé en possession, il s'opère un *nouveau bail*, dont l'effet est réglé par l'article relatif aux locations faites sans écrit. » Il s'est, en ce cas, formé, entre les parties, en vertu de leur consentement tacite, et que les faits démontrent surabondamment, un nouveau bail, appelé *tacite reconduction*, bail dont les conditions seront les mêmes que l'ancien, puisque les parties n'ont pas manifesté la volonté de les changer. De même, dit-on, lorsqu'une nouvelle période de la police commencera à courir, il se formera un nouveau contrat, lequel sera soumis, alors, à l'application de notre loi. Peut-on assimiler le renouvellement de la police, à celui qui s'opère dans le bail qu'on prend pour exemple ? C'est fort douteux, car il s'agit ici de l'exécution d'une convention et non exactement d'un renouvellement de la convention. Les polices qui contiennent cette clause de prolongation de durée prennent, en effet, le soin d'y insérer la mention que si, à l'expiration d'une période de 5 ans, l'assuré n'a pas déclaré vouloir rompre son contrat, la police se continuera pendant une nouvelle période de 5 ans, dans les mêmes conditions que la première. Ce n'est donc pas un nouveau contrat qui commence, c'est l'ancien contrat qui continue pendant une nouvelle période de 5 ans. Les Tribunaux seuls décideront sur l'interprétation qu'il faut donner à ce texte qui certainement leur sera soumis.

A la séance même du Sénat, M. le Rapporteur s'est tenu sur une certaine réserve à ce sujet et n'a pas voulu envisager spécialement la question. Après avoir déclaré que la loi devait s'appliquer *ipso facto* du jour même où elle aura été promulguée, il ajoute seulement que « lorsqu'une stipulation formelle du contrat aura fixé cette compétence, elle continuera à recevoir son exécution jusqu'à la fin du *Contrat en Cours* », c'est-à-dire « pour un temps limité, trois, quatre ou cinq ans, peut-être ». Il se garde bien d'aborder la question de la continuation du contrat ou de son renouvellement par tacite reconduction. La question reste donc entière.

En résumé, la loi nouvelle, aux termes de son article 2, s'appliquera immédiatement : aux contrats en cours qui ne contiendront pas de clause spéciale relative à la compétence ; aux contrats nouveaux qui viendront à être signés depuis sa promulgation, et même, sous les réserves ci-dessus, aux anciens contrats renouvelés pour une nouvelle période ; mais seulement, en ce cas, à partir de la date d'expiration de l'ancienne période, et du renouvellement.

CONCLUSION

Le but de la loi du 3 janvier 1902, a été d'amener plus de rapidité dans la solution des procès qui pouvaient s'élever entre les assurés et les Compagnies d'assurances en attribuant compétence aux Tribunaux des lieux où se sont accomplis les faits qui leur donnent naissance, et particulièrement du lieu du sinistre. C'est, en effet, à cet endroit que les parties sont appelées à rencontrer le plus d'éléments utiles au point de vue de la constatation de l'accident, des enquêtes et généralement de toutes les mesures d'instruction.

Elle a donc pour effet de détruire, en ce qui concerne les Compagnies d'assurances, l'effet de l'art. 59 C. P. C. et des lois postérieures, ainsi que celui des clauses spéciales de leurs polices, pour donner une réglementation nouvelle des juridictions compétentes.

La règle qu'elle pose en principe est celle de la *Compétence du domicile de l'assuré*. C'est elle qui est devenue la base de la loi.

Cette règle comprend, dans ses termes généraux, en même temps que les assurances sur la Vie, les assurances contre le chômage et les assurances contre la maladie.

Cependant, comme le domicile de l'assuré n'est pas toujours le lieu le plus rapproché du sinistre, les exceptions comprennent la partie la plus notable de la loi.

C'est ainsi que les immeubles, les meubles *par nature* (c'est-à-dire ceux qui peuvent se transporter seuls : animaux, ou par l'effet d'une force étrangère : choses inanimées) donnent compétence *au Tribunal du lieu où ils se trouvent*; et nous avons vu qu'il y avait lieu de faire rentrer dans la catégorie des meubles par nature divers objets mobiliers qui font l'objet des articles 531 et 532 du C. civ. tels que bacs, bateaux, etc. — De même, nous avons démontré qu'il y avait lieu de comprendre aussi, dans cette catégorie, l'assurance contre la mortalité du bétail que la Commission du Sénat a comprise sous la dénomination générique de « risques mobiliers ».

C'est encore, par suite d'une exception que, pour les accidents de toute nature, arrivés aux personnes ou aux animaux, le lieu de l'accident fixe la compétence. De même que dans la loi du 9 avril 1898, ce sont les magistrats des divers Tribunaux *du lieu de l'accident* qui seront compétents, chacun dans le ressort de ses attributions.

Il est vrai de dire que la compétence exceptionnelle, dans les différents cas énumérés ci-dessus, ne s'appliquera que lorsqu'il s'agira de statuer sur la fixation ou le règlement des indemnités dues. Le législateur, ayant pris la peine de le dire formellement, a fait comprendre qu'il entendait bien que, dans tous les autres cas, le Tribunal compétent soit celui de l'art. 59 du Code de Proc. civ.

Enfin, pour les assurances maritimes, les lois antérieures ne sont pas modifiées.

Telles sont, résumées en quelques mots, les conclusions auxquelles nous ont amené l'examen des différentes parties du texte de cette loi si souvent remaniée. L'avenir seul prouvera si elle peut devenir d'un grand profit et d'une grande utilité aux assurés « ces malheureuses victimes » qu'on nous représentait dans le projet de loi, comme en butte à toutes les exigences des Compagnies d'assurances voraces et intéressées.

L'expérience montre, au contraire, que la plupart des assurés n'ont pas tant à se plaindre de leurs assureurs; les statistiques nous apprennent que le nombre des assurés augmente tous les jours, que des Compagnies nouvelles se créent, et que, malgré la concurrence écrasante des Compagnies étrangères, ils sont toujours plus nombreux ceux qui s'adressent à ces grandes entreprises.

TABLE DES MATIÈRES

BIBLIOTHÈQUE NATIONALE BnF IMPRIMÉS

ANGERS. — IMPRIMERIE ORIENTALE A. BURDIN ET Cie, RUE GARNIER, 4.

ANGERS. — IMPRIMERIE ORIENTALE A. BURDIN ET Cie, 4, RUE GARNIER.

www.ingramcontent.com/pod-product-compliance
Lightning Source LLC
LaVergne TN
LVHW010017230826
846092LV00002B/863
9782019259068